MELYN

MELYN
Meirion MacIntyre Huws

Argraffiad cyntaf: Tachwedd 2004

(ⓗ) y cerddi: Meirion MacIntyre Huws

Rhif Llyfr Safonol Rhyngwladol: 0-86381-917-6

Cynllun clawr: Smala
Llun clawr: Gwasg Carreg Gwalch

Argraffwyd a chyhoeddwyd gan Wasg Carreg Gwalch,
12 Iard yr Orsaf, Llanrwst, Dyffryn Conwy, Cymru LL26 0EH.
Ffôn: 01492 642031
Ffacs: 01492 641502
e-bost: llyfrau@carreg-gwalch.co.uk
lle ar y we: www.carreg-gwalch.co.uk

Ymddangosodd rhai o'r cerddi hyn yn
Barddas, Golwg, Taliesin, Cywyddau Cyhoeddus
ac ar www.cynghanedd.com
ac ar raglenni Talwrn y Beirdd, Radio Cymru

i Moira Mai

CYNNWYS

RHAGAIR

Prin ydy'r cerddi yn y gyfrol hon nad ydyn nhw wedi cael eu darllen o flaen cynulleidfa yn rhywle. Weithiau ddwsinau o weithiau, dro arall unwaith neu ddwywaith – ond yr un ydy'r nod. Swydd gymdeithasol ydy bod yn fardd o Gymro, ac iddo lwyddo'n ei waith mae'n rhaid wrth ddarllen ei gerddi ar goedd. Rwy'n cael y cyfle i ddarllen fy ngwaith hyd a lled Cymru'n aml ac wrth wneud hynny rwy'n dod i nabod fy ngwlad yn well. Wrth deithio o fan i fan y gwanwyn diwethaf, sylwais bod rhannau o Gymru yn felynach o lawer nag y buon nhw ers tro byd. Yn ogystal â bod y cloddiau'n oleuach o boptu ambell lôn drol a bod y moroedd eithin yma ac acw yn fwy llachar eleni, roedd talcenni adfeilion ac ambell wal garreg yn felynach hefyd. Roedd mwy o wawr na machlud yn sgwrs pobl, yr haul yn tywynnu'n felynach ar eu byd nhw. Cododd hynny fy nghalon i. Roedd yn arwydd bod pobl yn deall yr hyn sy'n digwydd i'n diwylliant ni ond eu bod nhw yn dewis peidio â digalonni. Mae'n bwysig felly bod yr hyn sydd angen ei ddweud yn cael ei ddweud boed hynny drwy gyfrwng englyn neu drwy gyfrwng tun o Dulux.

Bu'r Prifardd Twm Morys a minnau yn cynnal noson ym Mhennal yn ddiweddar. Wedi gorffen dweud wrth gynulleidfa ddwyieithog mai eu hanner nhw oedd yn gyfrifol am yr hyn sy'n digwydd i'n byd bach ni, ymateb rhai o'r Cymry lleol oedd "Go dda hogia! Rydach chi'n cael dweud pethau fasa fiw i ni eu deud". Mae rhai'n amlwg yn dal i droi at feirdd i siarad ar eu rhan. Yn amser Glyndŵr sefydlwyd deddfau i wahardd beirdd rhag gwneud y gwaith hwnnw. Cyn bo hir hwyrach bydd angen trwydded i gario tun o baent melyn o le i le.

Beth am roi achos iddyn nhw ystyried hynny o leiaf?

Mei Mac
Hydref 2004

9

Y Goeden Fain

Deri hyd lannau Dwyryd, – llwyni cyll
    yn Nhŷ Coch a Henryd,
    hen ŵr yn Mhen-y-Gwryd
    felly bu drwy Gymru i gyd.

Cymru i gyd, pob Rhyd, pob Rhos – yn feillion
    o Fallwyd i Benrhos,
    daear Sir Gâr dan geirios,
    chwys Mair yn ffair yn Nhy'n Ffos.

Ond yn Nhy'n Ffos mae'n nosi – fel yn Llŷn,
    fel yn Llanymddyfri,
    ar y lelog a'r lili
    mae hi'n nos o'i hachos hi.

Hi yw'r achos i rosod – wywo'n grimp
    ym Mhen'groes a Manod,
    hi a'i bath yw'r rheswm bod
    hyd Arfon flodau'n darfod.

Darfod y mae'r wermod wen, – colli tir
    mae'r cyll tew a'r ywen,
    ar farw mae'r fiaren;
    yn eu lle y daeth hi'n llen.

Yn llen, tywyllu'n llwyni, – dwyn ein haul,
    dwyn ein holl rosmari
    a wnaiff oni chadwn hi
    o'r berw'r dŵr a'r deri.

O'r uchder hwn

Cwm Pen Llafar, Yr Aran, – Llyn y Cŵn
    a Llyn Coch a Thryfan,
  a gwaelod Cwm Tregalan,
  a Chwm y Lloer a Chwm Llan.

Waun Gron, Pen Llithrig y Wrach, – a Chlegyr
    a Chlogwyn y Bustach,
  y Manod a Chwm Mynach,
  Glyder Fawr a Glyder Fach.

Hen enwau ydy'r rhain ar fap a chlawr,
hen enwau a fu yma cyn bod sôn
am godi cestyll rhag y gofid mawr,
ac anfon gwŷr i warchod pen y lôn.

Cyn bod calonnau'n dod yn wag a thrwm,
a Dwynwen am eu gwneud, bob un, yn well,
a chyn i Beuno ddod dan bwysau'n grwm
i ddweud ei ddweud a chodi to ei gell,

cyn hynny i gyd bu rhai mewn cytiau tlawd
yn blasu heli'r môr ar wynt y nos,
yn nabod pob un bryncyn fel pe'n frawd
yn perthyn i bob afon, clawdd a ffos;

y rhai a adawodd drwy'r holl lefydd hyn,
farddoniaeth bur mewn enw cae a llyn.

Un iaith oedd i'r mannau hyn – un adeg,
    un hyder di-derfyn;
   un co' uchel o'r cychwyn;
   un llais i'r afon a'r llyn.

Mewn coed, mewn afon, mewn cae – yma'r oedd
    y Gymraeg o'r dechrau,
yma'n gynnar bu'n chwarae,
o ben yr Wyddfa i'r bae.

Dyniewyd a Dynïo, – a Dolydd,
    Cwm Dyli, Moel Smytho,
Cae Elwyn a Chwm Cilio,
a Chwm Glas a Chwm y Glo.

Ond tir yw tir drwy lygaid gwylan wen,
o'r uchder hwn mae'r wlad i gyd yn un,
a nant yw nant ac nid yw pren ond pren,
fel mae'r holl gaeau'n Efrog fel rhai Llŷn.

'Run melyn sydd i dywod Porth Dinllaen
â thraethau Caint, 'run lliw sydd i bob ton
ym Môn ac Eastbourne, 'run hen lonydd plaen
sy'n britho Henffordd fel y wlad fach hon.

Ar draethell pell neu ar arfordir Môn,
o uchder nef yr un yw ffawd y cwch
sy'n colli'r dydd i'r tywydd, yn y bôn
yr un yw pwysau'r gwymon drosto'n drwch.

I'r wylan wen nid oes gwahaniaeth 'chwaith
rhwng dyn a dyn yn absenoldeb iaith.

Yr iaith fu'n twyllo brithyll, – a dwyn sws
    o dan sêr noson dywyll,
yn cywain rhaffau cewyll,
yn hel gwair mewn haul a gwyll.

O'r uchder hwn ni chlywir sŵn y cŷn
fu'n taro'r fargen salaf fu erioed,
ni theimlir 'chwaith y cas gan ddyn at ddyn
a'r creithiau tyfn a hwythau dros gant oed.

Ni welir bod 'na ofn yn crwydro'r tir,
na gofid yng nghalonnau tad a mam,
ni welir bod y gaeaf yma'n hir,
a'r gwynt yn peri i dderwen dyfu'n gam.

Ni welir be sy'n llechu'n nŵr y ffos,
na'r hunllef sy 'ngwythiennau plant y plwy',
ni welir bod 'na rai yn effro'r nos,
ac eraill yn deisyfu mwy a mwy.

O'r uchder hwn ni wêl yr wylan wen,
pwy biau beth a phwy sydd arno'n ben.

Mae'r dŵr yn llonydd yn y llyn islaw,
a'r brithyll bach o dan y don yn rhydd,
ond cer i lawr i'w glan a mi cei fraw,
mae'r dyfroedd yma'n corddi o ddydd i dydd.

Mae nythod gweigion tanom, oes yn wir,
mae'r gwyrddni mawr islaw yn cuddio'r mil
o liwiau a chaneuon aeth o'r tir.
Mae'r gog yn nythu bellach rownd y rîl.

Pa goed sy' tanom? Deri? Yntau pîn?
Mae'n anodd gweld gweddillion cyll ac ynn
o'r uchder hwn, na'r goedwig borffor flin
sy'n gwreiddio yn y creigiau cadarn hyn.

O'r uchder hwn, ni welir bod dwy ddraig
yn dal i ymladd dros y llyn a'r graig.

Er hardded ydyw'r ferch sydd wrth dy fodd,
a'i gwallt yn afon aur hyd at y llawr,
mil harddach ydyw'r ferch a chanddi'r modd
i droi'r nosweithiau tywyll iti'n wawr.

Mil harddach yw un dref nag unrhyw wlad,
os wyt ti'n nabod geiriau mwyn ei chân,
caneuon a ganwyd droeon gan dy dad,
sy'n gallu cynnau, yn dy galon, dân.

Caneuon am hen hwyliau gwynion llawn,
yn mynd a'u llechi gleision, rhai i Ffrainc,
caneuon na fai'n werth dim oll pe bawn
yn nabod dim o lwybrau'r Bedair Cainc.

Mae'r harddwch i'r holl strydoedd hyn, ond gwn,
mai tref yw tref, dim mwy, o'r uchder hwn.

Caernarfon, a Chaeronwy, – Y Foelas,
    Allt Felen, Yr Adwy,
  Y Gaer Wen a Chae G'ronwy,
  a Thyddyn Melyn a mwy...

Hen enwau ydy'r rhain sy'n dal ar ôl,
o'r miloedd a fu yma cyn bod sôn
am godi caerau rhag y gofid mawr,
ac anfon gwŷr i warchod pen y lôn.

Mae rhai ohonom ar y lôn o hyd,
yn dal i sefyll, dal i ddal ein tir,
yn dal i weiddi'r enwau hyn i gyd,
ar lôn sydd weithiau'n serth a hyll a hir.

Mae rhai ohonom gyda'r wylan wen,
yn gwibio dros bob clogwyn, clawdd a rhyd,
ar adain rydd yn hidio dim am gen
sy'n tyfu dros ein henwau gorau i gyd.

A cholli eu harddwch mae pob pant a bryn,
o golli enw afon, cae a llyn.

Bryn Pig, Brysgyni Ganol, – a Llyn Bras
    Llwyn y Brain, a'r Faenol,
   Pen Draw'r Byd a Llwynhudol
   Rhes-y-Bont a Rhos-y-bol.

Bwlchderwin, Penrhydliniog, – Bryn Dinas,
    Brondanw, Llanbedrog,
   a Ben Twtil a Chwilog,
   Llŷn i gyd a Llwyn y Gog.

Enwau yn llawn barddoniaeth, – ac enwau
    sy'n gân a chwedloniaeth;
   hen enwau ein hunanieth
   ydyw'r rhain o drum i draeth.

Eiddo

Ym mar hwyr y Gymru iau
a dewr, ar ben cadeiriau,
a genod del yn gweini,
mae hon yn eiddo i mi.

Yng nghaffi bach yr achos,
yn feridd clyd wrth fyrddau clós,
yn trafod ei phentrefi
mae hon yn gyflog i mi.

O gylch desgiau'r siwtiau swêd
a'm hacen yn fy mhoced,
ac estron i'w bodloni
mae hi'n faen melin i mi.

Tom

Tom Middlehurst, Gweinidog Diwylliant

"Heno, Tom, be wyddost ti
am Urien? Am Gilmeri?
Am Ein Llyw? Am Wenllian?
Am un Penderyn?Am dân
yn Llŷn? Am Dryweryn draw?
Am y deri'n ymdaraw?
A rhyfel Glyndŵr hefyd
Am Bont Trefechan? Dim byd?

Cyn eu bod nhw'n bwrw bai,
dwed eilwaith pam y dylai
dynion ymddiried ynot
o Nedd i Wynedd?" "*...you wot?*"

Ei di Deio?

Ei di rhyw ddiwrnod Deio
â dy fab? Ei di â fo
i fyd y Lili Wen Fach,
i gynnwrf byd amgenach?
Ei di mewn padell ffrïo?
Ei di i weld Jac y Do?
Ei di a'r ddau gi i goed?
Hynny cyn dyfod henoed?
Ei di â'r bychan ar daith
i'r ynys enfawr uniaith?
Dy fab, a ei di â fo?
Meddai: "Alla i ddim addo".

Yn Amser Glyndŵr

Mike German AC, yn datgan yn huawdl ym Metws-y-coed, bod mwy
o goed yng Nghymru heddiw nag yn amser Glyndŵr

'Mae mwy o goed heddiw nag yn amser Glyndŵr'
Coed Yukka a Redwood a phinwydd mae'n siŵr.

Mae llawer iawn mwy o fforestydd bambŵ
ond mae'r cyll a'r deri'n prinhau meddan nhw.
Yn amser Glyndŵr roedd lawer iawn llai,
o gymoedd dan lynnoedd, a stadau o dai.

Yn amser Glyndŵr gallai wiwer fach goch
fynd o Nanmor i Gynon i lenwi dwy foch,
o gangen i gangen, drwy un goedwig fawr
o wawr hyd y machlud heb gyffwrdd y llawr.

Yn amser Glyndŵr gallai bardd fynd ar daith
o Gaerlŷr i Gemper heb newid ei iaith.

Ateb Gwahoddiad

ateb gwahoddiad i gynnal gweithdy barddoniaeth
Saesneg efo plant cynradd Seisnig iawn yn ne Cymru

Dod acw fel dyn dwad?
o lôn goed i flaen y gad?
at rhyw giwed siomedig,
na ŵyr am Felin-y-wig?
na ŵyr fynd drot drot i'r dre,
neu i Ferwyn yn fore?
na fu 'rioed allan o'r fro,
neu i Dywyn efo Deio?

Dod o bell fel Dodo bach?
Fi o bawb? Fi, y bwbach?
Dod atoch chi? Dim diolch.
Hyd y gwn rwy'n gwneud y golch.

Y Gawod Sêr

Wrth i rai rythu i'r awyr
hyd y Fflint ac Ystrad Fflur,
a chwyno nad oes sôn am sêr
yn Nefyn a Llanofer,
na smic o'u hanes ym Môn,
a phrinder sêr yn Saron,

yn dyst ar glust rhai'n ein gwlad
mae brain a Mab yr Ynad.

Pafin

Mae'r haf yn llenwi'r pafin
yn sŵn bler yn Saeson blin,
yn giwiau swrth yn gasáu
yn un lôn o benliniau,
yn llond potel o helynt,
yn ganiau gwag yn y gwynt,
yn faich hir, yn dref o'i cho'
o gaffis ac o gwffio.

Toc daw'r gaeaf i grafu
mwy o baent o'r drws lle bûm
yn rhegi drwy fy mhregeth;
daw â glaw o ogleuon,
a thlodi i lenwi'r lôn:
bydd hi'n flêr a bydda i'n flin
heb haf i lenwi'r pafin.

Indiaid

The Last Inn, *y Bermo*

I ganol Dawson City fawr
a phawb 'run lliw â'r llawr,
dôi un a'i ddarnau arian mân
i 'mofyn llymed o'r dŵr tân,
a phob un darn ohono fo
yn dweud ei fod yn Navajo,
o'i wallt mor ddu â mwng ei farch,
i'w groen 'run lliw â chaead arch.

I'r Bermo i *the Last Saloon*,
i ganol stesons mawr eu sŵn,
daeth un, ond un, â syched mawr,
a'i wep 'run lliw â llwch y llawr.
Ac wrth i'w lais wasgaru'r mwg
a'i acen Bala godi gwg,
mi wyddwn innau ei fod o
yn aelod prin o'r Nafaho.

Hyd yn oed

Hyd yn oed os bydd pob tân yn Llŷn yn marw,
hyd yn oed os bydd y nos yn dod i ben,
a neb yn clywed clychau Cantre'r Gwaelod
a bod 'run lôn yn mynd i'r Garreg Wen;

hyd yn oed os yw'r Dref Wen yn enw diarth,
hyd yn oed os sychith gwely Llyn y Fan,
a bod golwg hagrwch cynnydd yn Eifionydd
a ffatri rhwng dwy afon yn Rhoslan;

hyd yn oed os ydyw'r ddrudwen ar ei chythlwng
a choff yr Hedydd yn golygu dim,
a gwyddfid yn tywyllu Ffynnon Cybi,
a'r garreg wedi syrthio ym Mhont Cim;

hyd yn oed os deil y deri i ymdaro,
a bod ein holl farwnadau i gyd dan gen,
bydd rhai yn dal i fynd i ben y lonydd,
bydd rhai yn gwrthod chwifio'r faner wen.

Melyn

Ein melyn ni, melyn iach
melyn Mai welwn mwyach
hyd waliau yn Nhudweiliog
a Thregarth lle nythai'r gog.
Tri gair hyd ffyrdd Tregaron
a Deudraeth a Malltraeth Môn,
yn dweud bod tiroedd i'w dal,
acenion prin i'w cynnal.

Os bu cŵyn, os bu cynnen
hyd lôn hir a'r dadlau'n hen
melynach oedd Mai 'leni,
melyn iach ein melyn ni.

Mai

Mae'r Beudy Bach yn llachar,
llawr y bing 'run lliw â'r bar,
yn wrthryfel o felyn,
fel bydd rhai llefydd yn Llŷn
wedi i rai fod am dro
hyd lonydd yn dylunio.
Merch fu yma'n creu gwanwyn,
merch sy'n driw i liw'r hen lwyn,
merch yr eithin a'r Ginis,
merch sydd 'run ffunud â'r mis,
merch sydd yn annwyl i mi,
a'r dydd yn gariad iddi.

I Cynwal

mab Myrddin a Llio, Ysgubor Plas

'Leni 'Mrysgyni Ganol
'di 'rots bod yr hen lôn drol
yn ddwylath hyll o ddeiliach,
a bod bêls y Beudy Bach
yn drwm, a 'di 'rots bod drain
yn plagio'r ffordd i'r Plygain.
Mae'r Frech yn dal i sgrechian,
drachefn daeth adar â chân.
Mae telor pob ben bore
a'i gloch hir yn llenwi'r lle,
ac mae robin a llinos,
yn tŷ ni, o wawr tan nos,
yn y Cae Top a'r coed tal
yn canu i ti Cynwal.

28

Heilyn

i gyfarch Twm Morys ar ennill Cadair Eisteddfod Meifod

Yn fyddin fach o feddwi – ar ein tranc,
    ar drên trist Cilmeri,
    byw mewn ofn y buom ni,
    byw hyd lonydd bodloni.

Bodloni. Gwrthod sbïo – ar y drws
    sydd draw. Cerdded heibio
    i'w ddwrn, troi ysgwydd arno
    gan hepgor ei agor o.

Ei agor ar drysorau, – ei agor
    ar ogof o boenau,
    gwthio'r ddôr ar swllt neu ddau
    neu ei agor ar geiniogau.

Ceiniogau sy'n prinhau o hyd; – y geiriau
    caiff eu gwario'n ynfyd
    ym Môn a Gwent bob munud;
    geiriau bach, rhai gorau'r byd.

Ond i'r byd nad yw ar ben – mi ddoist ti,
    meddwaist, do fel meipen,
    cyn hawlio y cawn heulwen
    neu le oer tu ôl i len.

Tua'r llen honno 'leni – awn innau'n
    union yn dy gwmni,
    yn ddewr cyn i'r waedd oeri,
    awn i droi'r dyrnau di-ri'.

Awn, â'n dyrnau ninnau'n un, – at y car
   at y cwd a'i ganlyn,
  a dweud ein dweud wrth y dyn.
  Awn i'w hel adra' Heilyn!

Awn Heilyn, awn yn hwyliog, – awn yn hwyr,
   yn un haid adeiniog,
  i Gynwyd a Thregynog
  awn ar gyrch i ddeffro'r gog.

Tra bo'r gog bydd sawl hogyn – yn barod
   ben bore i'th ddilyn;
  yn y wlad y mae sawl un
  hiliol fel tithau Heilyn.

Heilyn Fab Gwyn, tyrd â'r gwin – yn donnau
   a gad inni chwerthin,
  heddiw'n wyllt mi fyddwn ni'n
  feddw – ond eto'n fyddin.

Iwan Rhys

cadeirfardd Eisteddfod Gendlaethol yr Urdd

Y mae o hyd yng Nghymru wen – do iau,
    yn dod pan fo'r angen,
  a dywed ffrwd eu hawen
  nad yw beirdd yn dod i ben.

Fel sawl Ifor, sawl Morys – sawl Gutyn,
    sawl Guto a Brwynllys,
  sawl Owain a sawl Lewys,
  un o'r rhain yw Iwan Rhys.

Un

Dau Hedd, tri Elis, dau Huw – wyth Eilir
    saith Elwyn, naw Andrew,
  deunaw Len a sawl menyw,
  dau Nei a Dic – ond un Duw.

i Elen Mererid yn 18 oed

Mae mileniwm o lonydd
yn dod i'n cwfwr' bob dydd,
lonydd y stadau glanwaith
a lonydd y mynydd maith,
lonydd oer, lonydd araf,
yn stremp o lanast' yr haf
a sawl lôn fel rasal hir
drwy nant, o bant i bentir.
Ond Elen fwyn, daw lôn fach
a chwil, lôn heb ei chulach
yn y man, a hon i mi
yw'r lôn i'w chrwydro 'leni.
Dyma hen lôn barddoniaeth,
tramwy beirdd a phrifeirdd ffraeth,
lle ceir englyn bob munud,
rhwng cloddiau'n gywyddau i gyd.
Cyn bod y Sais, cyn bod sôn
am y derw'n ymdaro'n
y nos, uwchben ei ffosydd
y bu beirdd heibio a bydd
y beirdd hynny, barddoniaeth
a miri eu cerddi caeth
yn dal i hel hyd y lôn
tra môr yn taro Meirion.
Ar d'union o dir deunaw,
i fro'r glêr waeth befo'r glaw,
mentra i'r lôn sy'n mynd tua'r wledd
a honno'n llawn cynghanedd;
a gyda hyn mi gei di
adenydd – beth amdani?

Dyn cŵl

i'r Sned (Edwin), yn ddeugain oed

Y byd ffast yw byd y ffŵl, – i wibiwr
    does obaith o gwbwl;
   drwy wibio ei di i drwbwl,
   y dyn call ydy'r dyn cŵl.

Dyn cŵl nid chwim fel bwled, – yn ei din
    nid oes yr un roced;
   cerddor sy'n hoffi cerdded,
   wedyn snŵs – dyna yw Sned.

Mae Sned yn gynt na rhedyn – yn tyfu,
    cynt hefyd na locsyn,
   ond os dychryni di'r dyn,
   neidio ni fedar Edwin.

Edwin sy'n cŵl drwy'r adeg, – y mae awr
    fel mis i'r dyn glandeg,
   Edwin yw'r dyn ara' deg;
   Edwin nid ydyw'n rhedeg.

Pam rhedeg, hedeg o hyd? – Dilyn Ed
    a'i lôn o drwy fywyd!
   Yn arafwch ei reufyd,
   Sned, heb oriau, biau'r byd.

Moira Mai

Ei gwên yw haul Brysgyni, – yn ei llais
    mae holl liw Eryri,
   hwyliog fel bae Pwllheli,
   Moira Mai yw Cymru i mi.

Milwr

Mae'n rhyfel yng Nghydweli – mae 'na ladd
    ym Mhen-lan a Rhymni,
   llais gelyn sy'n Nysynni:
   mae'r Dref Wen dy angen di.

Hyd y ffyrdd

Tra daw'r haf yn gyflafan – hyd y ffyrdd,
    gyda phaent yn lluman
   bydd haid o wylliaid allan,
   a bydd, yn dragywydd, gân.

Rhowch i fardd

Cadwch eich siwtiau codog – rhowch i fardd
    ferch fwyn a blodeuog;
   draenen yn ffrilen ei ffrog
   a ffidan lond ei ffedog!

Elizabeth Mai

ar ben-blwydd go arbennig

Colli 'rioed mae'r cyll a'r ynn – i dywydd
    ar bob diwedd blwyddyn,
    ond rwy'n nabod un blodyn,
    un hardd nad yw'n mynd yn hŷn.

Un blodyn iach ydach chi, – yn rhoi lliw
    i'r holl wlad eleni.
    fel rhosyn swil neu lili:
    blodyn i'n cynhesu ni.

Tra bo rhyd, tra bo rhedyn, – tra bo Mai,
    tra bo môr a chregyn,
    tra bo'r Manod bydd blodyn
    i ni'n hwb rhag mynd yn hŷn.

Y Brodyr Jones, Bontnewydd

yn dathlu can mlynedd o adeiladu

Mae canrif wedi llifo – i'r môr mawr,
    a mynd ddaru honno
    yn gerrynt, mynd dan gario
    enw dau frawd hyd y fro.

Angen

i gyfarch Menna Elfyn ar ddechrau ei chyfnod fel
Bardd Plant Cymru 2003

Oes mae ganddyn nhw lygaid
ond maen nhw dy angen di
i weld y tylwyth teg wrth y llyn grisial,
a gweld y cerrig y tu ôl i'r papur wal.

Oes, mae ganddyn nhw glustiau
ond maen nhw dy angen di
i glywed sgrech y canrifoedd mewn brawddegau byrion,
a chlywed sŵn traed uchelwr ar lwybr ym Môn.

Oes, mae ganddyn nhw dafodau
ond maen nhw dy angen di
i'w tywys drwy'r gerdd sy'n dweud y cyfan
mewn gwaed oer a dyrnaid o eiriau mân.

Fwy nag erioed,
maen nhw dy angen di,
fel y byddi di eu hangen hwythau.

Êl ac Ann

'Steddfod Dinbych, 2001

Dau noddwr hael eu cwrw
sy'n byw 'Mhen Llŷn ydyn nhw;
dau reit gall yn mynd allan
ond eto'n myllio'n y man!
Dau hwyliog wedi ei dal-hi,
dau gymêr fu'n deg â mi;
yn gwahodd adyn, â gwên,
i odli yn eu hadlen.

Waeth befo'r glaw a'r bawiach
gwn yn iawn wrth ganu'n iach
mai dau, dau gyfaill diwyd,
Êl ac Ann fu'r ŵyl i gyd.

Calonnau fel celynnen

i Ifan ac Eurwen, Eithinog Wen, ar ddathlu hanner can mlynedd o briodas

Mae'r hen fis du yn rhuo – hyd a lled
    y Llan fel y bydd o,
  yn rhoi tolc i lechi'r to
  a dwad i'n handwyo.

Andwyo'r byd â'i dywydd, – a dwad
    rhwng dau dyna'i awydd:
  ei nod yw dod draw bob dydd
  â'i boenau byth a beunydd.

Beunydd daw heibio i onnen – â'i lyngir,
    mi flingith sawl coeden,
  ond aros mae pob derwen
  yn wyrdd yn Eithinog Wen.

Yno mae pob cerddinen – yn ei dail;
    gŵn dew sydd i'r fedwen;
  lliwgar yw pob gellygen
  tra bo'r byd i gyd dan gen.

Dan gen mae sawl lle 'leni, – ond ynoch
    ar dân mae rhosmari;
  mae'r lelog ac mae'r lili
  a'r rhosyn coch ynoch chi.

Ynoch chi yn iach o hyd – yn gariad
    mae 'na geirios hyfryd,
  petalau triw a diwyd:
  llwyni bach sy'n llonni ein byd.

Llonni ein byd â lluniau – ohonoch
unwaith yn eich blodau;
felly mae hynny'n parhau
eleni'n eich calonnau.

Calonnau fel celynnen – yn Nwyfor
s'gan Ifan ac Eurwen,
dau â chryfder fel derwen
dau'n eu haf heb fynd yn hen.

Ydy mae'n drist

Tridiau o ddim ond trydar
beirdd efo beirdd wrth y bar.
Y *Marine* yn Gymru iach,
aml lais a melysach;
Costa Brava o brifeirdd
yn gotiau a hetiau heirdd.
Llond Ebrill o ebillion,
dynes dew a dyn naw stôn,
llyfrau yn dal gwydrau gwin
a rhywbeth mawr ar Robin.
Tri triw, heb fentro i'r traeth
a hwnnw llawn barddoniaeth,
a dau, yn eu cwrw'n dod
o Drefan yn ei drafod.
T. Llew a phedwar dewin
a gwerth Clywedog o win,
Ifor ap a neb ar frys,
Eurig Wyn y drygionus
a'r Boliog Stoliog mewn stâd
ar lwyfan ar ôl yfad.
Dima o academydd
yn rhoi stop ar wres y dydd.
Tomos yn colli tymer
a dau blin a'u dillad blêr
am wneud englyn bob munud
ac adar, adar o hyd.
"Adar mân dewr y mynydd",
adar RS, adar rhydd.
Ydy mae'n drist mynd o'r ŵyl
a sŵn dau Forys annwyl.

Gofyn plu yn 43 oed i Mei Mac

Mae fy het yn ddu eto,
lliw y glaw a lliw y glo,
lliw dilyw, lliw dialedd,
lliw gwg a bilwg a bedd,
a lliw Tachwedd sy'n weddus
i ŵr a'i oed ar ei grys:
Fe fu yn het athletig,
bu hon yn goron mewn gig;
un lew o Efrog Newydd,
un dew i wynebu'r dydd;
porc pei fu'n wers i berson,
pastai a ddiddanai oedd hon:
heno mae'n het wahanol,
fel bol buwch a chuwch o'i hôl;
collwyd y lliwiau nwydus,
ac mae'r Llwyd yn llwyd mewn llys;
yn isel dan gantel gwg,
yn chwerw fel llwch iorwg:
felly brifardd pob harddwch,
dyro i het dy blu yn drwch;
plu parot reit dafotrwydd,
plu paen ar y waun yn rhydd;
plu crëyr neu'r eryr ar
binaclau creigiau'r grugiar:
gwna i hudwr gwyniadau
roi i het fodd i sicrhau
yfory sy'n ddifyrrwch,
a dyddiau'n lliwiau nid llwch:
rho i gantel orwelion
fydd byw drwy'r dilyw a'r don.

Iwan Llwyd

Lliw adar ar ben Llwydyn

Yr wyf yn nabod prifardd
o dan het nad ydyw'n hardd:
Un gul ei hymyl yw hi,
hen benwisg sy'n ei boeni,
heb na lliw na rhuban llon
hyd ei gwaelod digalon.
Mae hi'n bydew myn Dewi,
mae'n hen ond mae ei hangen hi'n
het waith ar gorun teithiwr,
het arbed un trwbadŵr
rhag glaw mawr o Gilmeri;
y mae yn nawdd, am wn i.

Ond het dweud adnod yw hon,
a moel yw ei hymylon,
mae'n ddu fel y fagddu fawr,
anial fel traeth yn Ionawr;
het lom, gymhleth ei brethyn
fel het y diafol ei hun:
araith o het alaru
het blaen, heb rupunt o blu.

Ond dyma daflu pluen
at fardd pig i godi gwên,
darn bach o farclod pioden,
crys sidan yr wylan wen,
tamaid o wasgod Tomos
neu ran o ŵn crëyr y nos.

Un dydd o'm herwydd hwyrach
y daw'r bardd ar grwydyr bach

a'i het yn gwenu eto
ar groen aur ei gorun o;
ei wyneb fel ei benwisg
ei diwn cyn sionced â'i wisg,
un bardd o'i sawdl i'w big
yn harddach na'r hen Erddig.

Pellter

yn y Glôb, Bangor, adeg lansio cyfrol newydd Iwan Llwyd

Dim ond tri cham oedd rhyngom,
y bardd llwyd o Fangor a mi,
a Bangor Lad lliwgar arall
yn swancio'n ei rif tri.

Yn olosg uwchben roedd dinas,
yn ffrwydro'n fud ar y sgrin,
rhwng *Frasier* a *Sex and the City*,
gwlad arall ar ei thin.

Hanner awr a barodd y terfysg
a'r gerdd a'r sgwrs bêl-droed;
Hanner awr a thri byd yn c'warfod,
tri byd o oddeutu'r un oed.

Hanner awr o bropaganda
oedd rhyngom i gyd a Baghdad,
ond roedd trwch iaith o bellter heno
rhwng y ddau Fangor Lad.

I ble rwyt ti'n myned?

I ble rwyt ti'n myned fy ngeneth ffein dlos?

I ddianc o'r fawnog a'r ffedog a'r ffos,
i gymoedd hyfrytach a'u deiliach yn dew,
o wlad llwyd ei thoeau i liwiau Trelew.

I ble rwyt ti'n myned fy ngeneth ffein i?

I dir sy' â llewyrch, i wlad dros y lli,
i'r lle, medden nhwythau, y bydd hau a bydd hel
a chywain breuddwydion ar gyrion Esquel.

I ble rwyt ti'n myned fy ngeneth ffein dlos?

I gaeau Llwynhudol rwy'n mynd nôl bob nos,
yn ôl at y mynydd a'i dywydd mor dew:
nid oes aur nac efydd ar lonydd Trelew.

I ble rwyt ti'n myned fy ngeneth ffein i?

Yn ôl at y ffedog a'r fawnog af i,
yn ôl at y rhedyn, i dyddyn bach del,
gan nad yw Afallon ar gyrion Esquel.

Does unlle yn y byd yn rhy bell

Does unlle yn y byd yn rhy bell,
i enw dy ganlyn a goleuo'r stafell,
ac i gusan hedfan rhwng dwy galon
i dorri'r syched ac i lyfnu'r lôn.

A does unlle yn y byd yn rhy bell
i'r llynedd dy erlid mewn gair digymell,
i'r ffrae dy ganfod ac i ddoe dy ddilyn
ac i gwmwl ledu dros bob man gwyn.

O'r golled neu o'r gyllell
does unlle yn y byd yn rhy bell.

Adar duon

Gwersyll Majdanek, Gwlad Pwyl, Ebrill 2002

Hanner awr i lawr yn lôn
drwy dai ac adar duon,
heibio'r ysgol, a'r coleg,
llawer un dall a'r wên deg;

hanner awr i lawr y lôn
heibio i dai'n grybibion,
heibio i ddrws y becws bach,
a thywydd a phetheuach;

hanner awr i lawr y lôn,
heibio i dad a'i feibion,
heibio'r stryd braf a'r dafarn
sy'n byw'n heb na sôn na barn;

hanner awr i lawr y lôn
ger adwy'r holl gariadon,
daw trên blin ei gyfrinach
heibio i bawb yn ddistaw bach,

ac o hyd mae mwg ac ôl
y fynwent fawr derfynol,
a phlu ac adar duon
hanner awr i lawr y lôn.

(efo Iwan Llwyd)

Bonanza

Warsaw, Ebrill 2002

Cymylau, fodca melyn,
pennau'n troi, dau gowboi gwyn
yn cyrraedd, dau mewn cariad
efo'r lôn araf a'r wlad;
dau yn hŷn a'u gwalltiau'n hyll
a dau a'u ll'gadau'n dywyll,
yn gôt a het a gitâr,
yn lluwch o eiriau llachar;
dau â golwg digalon,
dau ŵr ddim yn siŵr o Shawn.
Shawn y rhyfel penmelyn,
butrach ei reg na deg dyn,
un rhy fawr i unrhyw fedd,
Shawn y dyn crensian dannedd.

'Dak!' arall, fodca arian,
a chalonnau dau ar dân,
dau fu'n siarad â'r adar,
a'r byd i gyd ar eu gwar,
dau hen hobo'n britho'n braf
yn niwl y dafarn olaf
cyn troi, fel pob cowboi call
am erwau rhyw gwm arall.

Yn Lublin

Yn Lublin mae croes uwch fy ngwely
a choedlan sy'n gwatwar y byd,
a llyn tyfn yn llawn o atebion
a physgotwyr yn ei holi o hyd.

Yn Lublin mae cant o selerydd
a channwyll yn llosgi mewn un,
a chastell na ŵyr beth yw cusan
a brân sydd yn siarad â'i hun.

Yn Lublin mae'r strydoedd yn llydan,
mae yna Decsan yn cynnig ei gar,
mae rhywun sy'n debyg i minnau
yn mwydro 'mhen arall y bar.

A'r wawr wrthi'n torri yn deilchion
a storm yn ei lygaid yn hel,
yn Lublin mae bardd yn mynd adref
ac angylion yn sibrwd "Ffarwél".

Tra medrwn

'Steddfod Llanelli, 2000

O Ystrydeb y Strade,
o dir oer gwaelod y dre,
o'r gwin aeth yn ddagrau i gyd,
o oglau'r gwalltiau myglyd,
o ddweud lein, o gwmpeini
y Felin Foel ynof i,
a hen brifwyl sy'n brifo,
a bardd yn ei ddici-bô,
o'r stafell yn Llanelli
o regfeydd Eirug a fi,
o'r criwiau hyrt o'r cae crwn,
awn am adref tra medrwn.

Rydw i wedi bod i ben arall y bwrdd

Kazimierx Dolny

Rydw i wedi bod i ben arall y bwrdd
lle mae'r fodca tragywydd a'r cywydd yn cwrdd,
ble mae'r bardd o Gefn Llanfair a Szymborska yn un,
ble mae'r beison yn nabod rhai llygod yn Llŷn.

Rydw i wedi bod i ben arall y bwrdd
ble nad yw cabatsien a bardd byth yn cwrdd,
ble mae popeth di-angen yn ddraenen o ddrud,
ble mae lliwiau Mehefin ar bafin y byd.

Rydw i wedi bod i ben arall y bwrdd
ble mae neges gyffredin ein cerddi ni'n cwrdd,
ble mae'r bobl yn eu blodau'n hardd ac yn dlws,
ble mae garddwr y gorllewin yn curo ar y drws.

Rydw i wedi bod i ben arall y bwrdd
ble mae'r *barszcz* a'r *perogi* a'r Big Mac yn cwrdd.
Rydw i wedi bod i ben arall y bwrdd
ble nad yw 'difaru ond blwyddyn i ffwrdd.

Nant

I ddyn fu yno unwaith
wedi'r wers, beth ydy'r iaith?
Haul Awst a gwair yn glustog?
Hen dai'r Nant yn Dir-na-nOg?

I minnau, esgyrn Meinir,
sêr a tharth a lôn serth hir
ydyw a gwylan fudur
ddiwahân ei chân a'i chur;
o'i chael yn chwyth a chalon
rhyw draeth oer ydy'r iaith hon.

Trem y Môr a Threm y Mynydd

Nant Gwrtheyrn, 2003

Yn nhin clawdd ac ar y dibyn,
yn y gwely mawr o redyn,
yn y niwl, ar lwybrau unig,
ar y gwynt, dros waliau cerrig,

o dan gysgod y coed uchel,
ac yng ngerddi bychain, tawel
Trem y Môr a Threm y Mynydd,
mae hen iaith ar leisiau newydd.

Carreg y Llam

Nant Gwrtheyrn, 2003

Ni chlywir llongau heno
yn llwytho cerrig llaith,
na chrensian sgidiau hoelion
yn hel tua'r chwarel 'chwaith,

ond clywir yn y rhedyn,
rhyw dorf o ben draw'r byd
yn dod drachefn yn dawel
i hel y geiriau 'nghyd.

Cerdyn Post

Nant Gwrtheyrn, 2003

Fan hyn mae'r haf yn uniaith,
a Meinir dal mewn co',
a'r môr yn dal i dynnu'n flin
ei gribin dros y gro.

Lle nad oes drain yn dagfa
i'n baglu ar y ffyrdd,
fan hyn yn bell o stŵr y byd
mae'r geiriau i gyd yn wyrdd.

Chwithdod

Llydaw a dim llai ydoedd
y gŵr ei hun, ac yr oedd
ei wlad oll hyd waliau ei dŷ:
ei linach yn melynu.
Ac o lun i lun 'leni
yn ei iaith fain aeth â fi
i gerdded caeau gwyrddion
ei loes, a chrwydro pob lôn.

Ond gwlad mewn adeilad oedd
a Llydaw ar goll ydoedd.

Lle mae cychod y tlodion

Lle mae'r tarmac yn graciau
a sŵn cwch fel drws yn cau
yn rhywle, lle mae'r wylan
fudur a chur yn ei chân
wastad a'r tai'n ddistaw
ac oglau hallt ar y glaw,
lle mae'r gaeaf yn trafod
fy hynt a'r hyn sydd i fod;

lle mae cychod y tlodion
yn dweud eu dweud wrth y don
a dwy awr rhyngof a'r dydd
dwyawr mewn diawl o dywydd,
mae'n flêr a does run seren
heno i mi uwch fy mhen:
dwi'n geiban ond yn gwybod
mai yma wyf innau i fod.

Caernarfon

Mi wn am sawl un sy'n dy nabod yn iawn,
yn nabod wynebau'r Blac Boi'n y prynhawn,
yn nabod y genod sy'n gwneud bechdan bach,
y genod sy'n cadw dy galon di'n iach.
Ond 'chydig sy'n nabod dy haul a dy law,
pob crac yn dy bafin, pob carreg sa' draw.

Mi wn bod rhai cannoedd yn gwybod yn iawn,
am Gwch Dafydd 'r Aber a'i llorpiau hi'n llawn,
yn gwybod am Macsen, yn gwybod am Gainc,
a'r holl lechi gleision a gludwyd i Ffrainc.
Ond 'chydig sy'n gwybod am hen lwybr troed
sy'n cludo cariadon o'r Castell i'r Coed.

Mi wn bod 'na gannoedd ar filoedd o hyd
yn mynd â thi adref i bedwar ban byd,
mynd â thi i Rufain neu i Lundain neu Lŷn,
mewn llechen, mewn lliain, mewn llyfr, mewn llun.
Ond ni all neb brynu dy haul na dy law,
y craciau'n dy bafin, na dy gerrig sa' draw.

Hen Dre'

Ydw dwi'n hyll a dwi'n hen.
Mi dyngaf mod i angen
gwisg fel pluen o dena'
a het o raff at yr ha;
colur i'm strydoedd culion,
a phaent dros fy nghytiau ffôn.

Ond dwi'm angen trueni
na chweigian-chwiw gynnoch chi,
na'ch gwaith candi-fflos dros dro,
na lonydd wedi'u sgleinio.
Cadwch eich dillad codog
a'ch blodau a'ch creiriau crog.

Tydw i'm rhy hen i wenu,
hogan wyf sy' im digon hy'
a mynnu ffafr am unwaith.
Er gofyn, gofyn sawl gwaith
i hen wraig gael byw yn rhydd,
eleni, ga' i lonydd?

Y Fenai

Er bod holl swildod y sêr
hyd dy wyneb llyfn tyner
yn wincian, tithau'n llances
heno'n gwrido'n y gwres,
ac er dy fod yn briodas
o loer ac o fôr mawr glas
rwy'n gwybod mai tywod du
a welir ar dy wely.
Ym mynwent dy ro manaf
islaw, o'r golwg, sawl haf
a hydref s'gen ti'n pydru?
Islaw'r ddôr i'th seler ddu
sawl llofrudd s'gen ti'n cuddio?
Sawl cân? Sawl enaid? Sawl co'?

Sawl un yn wir sy'n nhir neb
dy gwter? Paid ag ateb.

Paradox

clwb nos ar Lôn Gás, Caernarfon

Mae'n un ers deugain munud
a Lôn Gás sy'n gluniau i gyd,
yn sigaréts, geiriau rhad,
yn gweir, yn sawl ysgariad,
yn rhai gyda'u traed yn rhydd
a'u colur yn dweud celwydd.

Mae'n dre' hyll, mae 'na drallod
yn bla 'mysg ei phobol od,
ond fesul Sul rwy'n sylwi,
yn llesg rhwng drewdod y lli,
a rhegfeydd criw go feddw
'mod i'n un ohonyn nhw.

Yfory

Hwyrach y daw â gwrachod – neu hwyrach
    daw â chariad hynod,
    hwyrach y daw â Herod,
    ond myn Duw y mae o'n dod.

Ymryson

Ar wahân am ryw ennyd – yn rhyfel
    o brifeirdd cynhenllyd;
    ond un gân ydan ni i gyd,
    un haf o ddathlu hefyd.

Gwylia'r gog

Hidia befo'r paun oriog, – na hidia'r
    un hwyaden gegog,
    rho heibio i regi'r hebog
    a'r rugiar – ond gwylia'r gog.

Edith Piaff

Er i hen ddinas Paris – dy waedu,
    dy adael i drengi,
    maddau a wnawn, am iddi
    adael storm yn dy lais di.

Norah Isaac

Wedi rhoi ei llwch dewr i'r llan – wedi i'w byd
    ddod i ben â tharan,
    daeth carreg arall allan
    o'r wal oedd eisoes mor wan.

Caerlleon-ar-Wysg

Y mae'r gaer drwy Gymru i gyd – yn gwahôdd
    llanciau gwyn ac ynfyd
    i'w chantref byth a hefyd;
    ond daw rhai adra' o hyd.

Un don wen

Rwy'n gwylio'r môr ers oriau'n – dwyn yn ôl
    froc di-nod y creigiau,
    gan wybod bod, yn y bae,
    un don wen i'm dwyn innau.

Dysgu dim

Er ei chael mor sur â'i chath – yn wrach oer
    a'i chôt yn un sglyfath,
    a'i hen dempar yn dwmpath,
    af i'w thŷ fory 'run fath.

Gŵyl

Heibio'r môr, hebio'r meirwon, – heibio'r lluwch,
    heibio'r llechi budron,
    y gerddi hyll, a'r gerdd hon
    cei ŵyl i godi calon.

Cawod

Iaith o sêr yn doreth sydd – yn marw
    ym môr yr Iwerydd,
    un gawod fawr dragywydd
    yn disgyn, disgyn, bob dydd.

Y ddyfais aeth yn ddwyfil

Bachgen wyf o bridd a lludw,
yfodd lawer iawn o gwrw,
a fu'n byw fel y dylluan,
eto'n codi'n fuan, fuan.

Bûm i ffwr', do bûm i ffeiriau,
gwerthu, gwerthu am wythnosau,
bûm yn byw yn gynnil, gynnil
aeth y ddyfais i mi'n ddwyfil.

Daeth y gwanwyn â'i geniogau,
daeth yr haf i fwrw sylltau,
daeth yr hydref ag enwogrwydd,
daeth y gaeaf gyda cherydd.

Derfydd aur a derfydd arian,
derfydd enw da yn fuan,
derfydd parch fel sglein ar geiniog,
dyna hanes pob dyn enwog.

Da gan frithyll ddŵr yr afon,
da gan longau hwyliau llawnion,
da gan adar mân y coedydd,
dda gan undyn ganu clodydd.

Llawn yw'r môr o swnd a chregyn,
llawn yw'r ŵy o wyn a melyn,
llawn yw dynion o genfigen,
llawn o g'nonod yw'r genhinen.

Brân

Hi yw'r un ar ei phen ei hun
y 'deryn nad yw'n dallt,
sy'n byw o raid dan lach ddi-baid
yr haid a'u cecru hallt;

mae ganddi gân bur ar wahân
y frân dywylla'n y fro,
mae'n un o fil a rownd y ril
mae'n canu'n chwil o'i cho';

mae'n gweld o draw
drwy'r gwynt a'r glaw
y braw sydd yn y brwyn,
gan ganu'n hy' am ddyddiau du
sy'n llechu ym mhob llwyn;

ond o'r coed cyll pan lledai'r gwyll
a'i sgrech yn hyll a hir,
o hen don gron rhyw frân fel hon
yn gyson y daw'r gwir.

Dwi i fod i wybod yn well

Glaw Llyn Cwellyn fel cyllell – yn fy nghefn,
    fy nghwch megis padell,
   Eryri'n un amlinell:
   dwi i fod i wybod yn well.

Mwy na dŵr

Yn y bae distawa'n bod – oedi'r wyf
    ar draeth synfyfyrdod,
   yn y duwch dros dywod
   mwy na dŵr sy'n mynd a dod.

Gweld

Gweld Irfon, gweld y darfod – yn hen sôn,
    gweld un Sais yn ormod,
   gweld yr haf ar bob tafod
   a Glyndŵr drwy'r glaw yn dod.

Fi fy hun

Er i mi hel sawl gelyn – er fy mod
    i'r dref mwy ond adyn
   yn gawl o unigolyn,
   yr wyf i yn fi fy hun.

Gelyn

Dan fy nghroen, yn fy mhoeni,
mae 'na fardd, un mwy na fi;
un na all fentro allan
heb fod ei dafod ar dân,
nad yw'n hidio cicio'r ci
wrth i'w gerdd swrth ei gorddi.

Mae'n hyll yn ei gwmni o hyd,
yn finag bob dau funud,
am na wêl siom anwylyn,
na 'chwaith ei dristwch ei hun.

Ond mae o'n rhan ohonof
weithau'n ddewr ac weithiau'n ddof.

Ynys

Mae llawnder y cwteri
yn storm yn fy nghlustiau i,
a holl adar bach llwydion
y wlad wedi ffoi o'r lôn,
yn dyst fod gofidiau'r dydd
ynof innau yn fynydd.

Islaw ac Enlli'n dawel
a hen ofn ei swnt yn hel
yn rheg, rwy'n teimlo rhagor,
a gweld mwy na gwlad a môr.
Yn y glaw'n ei gwylio hi
oedaf i weld pwy ydw i.

A Duw rhyngom ni ein dau
yn rhwygo dros y creigiau,
â'r dŵr cyn ddued â'r dydd,
mi wn yma'n Uwchmynydd
pwy yw pwy'n wyneb bywyd,
a be' 'di be' yn y byd.

Yn yr eiladau

Yn yr eiliadau rhwng dwy gynghanedd,
rhwng cusanu'r bychan a'i roi i orwedd,
rhwng gwisgo'r faneg a stwytho'r bysedd
wrth i eiriau fferru ar wynt y gogledd;

rhwng gweld hen wyneb a chofio'r enw,
wrth blicio label oddi ar botel gwrw,
rhwng rhoi'r teganau drachefn i'w cadw
a gwylio heddiw yn y tân yn marw;

rhwng canu'r garol a rhoi calennig
a thynnu'r celyn o'r waliau cerrig,
a gweld bod 'leni a llynedd mor debig,

yn yr eiliadau hynny'n unig
mae 'na dawelwch, ac mae'n Nadolig.

Angylion

Maen nhw yno yn gwylio eu praidd liw nos:
y bychan anniddig a'r eneth ffein dlos
a'r gŵr yn y gornel yn Nhafarn y Rhos

Mi fuon nhw'n gwarchod yn selog drwy'r p'nawn:
y lleidr a'r twrnai a'u llodrau yn llawn,
a merched yr hwyrnos yn dangos eu dawn.

Maen nhw yno yn gwylio drwy'r oriau mân:
yr hogyn penmelyn a'i galon ar dân
a'r hobo a'i lygaid cyn ddued â'r frân.

Maen nhw yno yn dilyn eu praidd ers y wawr:
y ferch fach sy'n neidio dros graciau'r Stryd Fawr
a'r fam â'i hyfory'n ei llusgo i'r llawr.

Yfory mi fyddan nhw'n gwylio o hyd
yn chwifio'u hadenydd ar gornel pob stryd.
Ond heibio yr awn innau yn fyddar, yn fud,
a'n llygaid a'n clustiau yn dinsel i gyd.

Er cof am Robert Lloyd Richards

Glandŵr, Abererch

Er rhoi llwch 'rhen Bob i'r llan – rhoi ei lwch
    i'r wlad lle bu'n faban,
    mae'r cof am Gymro cyfan
    yn hwb i mi ymhob man.

Safiad

Y brain blêr nid yr eryr, – y rafin
    nid y prifardd segur,
    pobol â ch'lonnau pybyr
    y cewri mân sy'n creu mur.

Map

Ni welir fod 'na niwlen – yn lledu'n
    llediaith dros fro'r lechen;
    ni ŵel neb yr un Lôn Wen
    na'i dolur ar dudalen.

Diolch

i ddathlu milfed rhaglen y Talwrn

Ar ran holl feirdd ein hanes,
minnau, a'r rhain yma'n rhes,
a phob Rhys a Morys mwyn
a ganodd i bob gwanwyn;
pob Haf, fel phob Huw hefyd,
a'r rhai ar herw o hyd,
ar eu rhan mewn cywydd rhad,
rwy'n diolch am wrandawiad.
Diolch am gael blodeuo
dros bant a bryn ers cyn co'.

.....a diolch bod Lloyd Owen,
eilun beirdd yn dal yn ben!

Dacw nhw'n dod

Wrth i mi fethu â sbïo,
wrth i deulu rythu ar ro,
wrth i ffrind frathu'i ffarwél,
a Duw ei hun yn dawel,
fel gwaetgwn dacw nhw'n dod
yn poeri galar parod.
Troediant yn dwt drwy'r adwy,
"Dod i ymweld a dim mwy".
Dymuno nabod maen-nhw,
dyna haul ei bywyd nhw.
"Pasio" er mwyn cael pishyn,
hanner darn bychan o'r dyn.

A gyda'n bod ni'n gadael
bydd rhyw sgwrs wrth gwrs ar gael,
a 'gawn-nhw fynd yn gynnar
wedi'r sgwrs i'w milltir sgwâr,
yn ôl i'w byd annwyl, bach,
ansicir yn bwysicach.

74

Ym Methlehem dref

Fel ddoe ac echdoe mae'r wawr yn berig
a'r doethion allan yn taflu cerrig,
a dagrau'n gwlitho'r hen dir sychedig
ym Methlehem dref.

Mae gwaed yn berwi fel bu ers achau
wrth i rwyrai fentro i beintio croesau,
ac mae Herod eto'n cnocio drysau
ym Methlehem dref.

Mae pob un angel yn cau ei lygaid,
a gwylio eu meibion mae'r bugeiliaid,
ond dal i danio mae'r hen ffyddloniaid
ym Methlehem dref.

Ac eto eleni, fel pob Nadolig
dan gannwyll denau mae offeiriad unig
yn siarad efo'i dduw siomedig
ym Methlehem dref.

Yn nwfn ei bader mae yntau'n gwybod
bod cymaint i'w ofyn a'r gannwyll yn darfod,
ac nad oes 'mo'r amser i ddweud pob adnod
dros Fethlehem dref.

Mae rhywbeth yn rhywle yn gorfod rhoi

Mae'r coleg celwyddau yn orlawn,
mae croesau ar rai drysau'n y dre,
mae golwg "Be wna i?" ar y strydoedd,
mae pechodau ar werth ar y we;
ar ddesgiau'r ysgolion mae yna olion cnoi –
mae rhywbeth yn rhywle yn barod i roi.

Maen nhw'n gwerthu crysau-T o'r angladd,
mae gwaed yn deneuach na dŵr,
pryd agorwyd y bar nodwyddau
alla i ddim bod yn siŵr;
ers tro mae darogan nad yw'r llanw am droi,
mae rhywbeth yn rhywle yn gorfod rhoi.

Mae'r gwerthwr modrwyau ar ei gythlwng,
mae'r enfys wedi troi'n ddu a gwyn,
mae'r Guinness yn rhy oer o lawer,
mae'r gadwyn amdana i'n rhy dynn;
heibio i dai'r cariadon fe godwyd ffordd osgoi –
mae rhywbeth yn rhywle yn gorfod rhoi.

Maen nhw'n rhuthro'r papurau newydd
yn syth o'r wasg i'r siop sgod-a-sglod;
mewn miloedd o feddyliau bychain
'sdim byd diarth, does dim byd yn od.
felly fy nghariad, i paid â thin-droi,
achos mae rhywbeth yn rhywle yn barod i roi.

Eironig

'Y broblem,' medda finna'
'ydy bod eironi wedi mynd.'

'Eironi,' medda fynta'
'Ydy eironi fel sarchasm?'

'Ydy,' medda finna'
'Yr un peth yn gymwys cofia.'

Cegin

dathliadau'r mileniwm ym mhentrefi'r West Bank

Neithiwr a holl obeithion
y wlad yn goleuo'r lôn,
yr oedd rheg lond dwy gegin,
a chasáu uwch gwydrau gwin.
Nid oedd bwrdd nad oedd heb un
sedd wag lle suddai hogyn
deunaw am brydau unwaith.
Roedd dwy gred ac roedd dwy graith.
Roedd hen frwydrau lond dau dŷ,
dialedd lond dau deulu.
Ond i'r stryd o hedd dros dro
am eiliad, dim mwy, i wylio
un wawr fawr daethant yn fud
i rannu gwefr yr ennyd;
rhannu un wawr o'u heinioes,
un gri, a chario'r un Groes.

Yna'n ôl i'r gegin aeth
mileniwm o elyniaeth.

Traws

'Tyner yw'r gawod heno'
ac mae'i thwrw'n galw i go'
un haf ac un gyflafan,
un dorf ac un uffern dân,
un bardd, a gwae ni ein byw,
arswydo i aros ydyw.

Ond o fewn y gawod fach
eleni mae mileinach
rhyfel yn ymhel, mae oes
o iasau'n fan hyn eisoes.

Mae'n y rhyd, y mawn a'r rhos
Somme arall – Somme i aros.

Trin Traed

Aiff rhai dynion am fronnau,
neu gnoc efo hogan iau,
awran â hulpan go hen,
neu hwyrach gwmni hwren;
blondan o'i basg yn tasgu,
un â gwn mewn dwfnjwn du,
neu un dew, neu un dywyll,
neu bechod hynod o hyll.

Mi aiff eraill am fferau.
Ar fy llw, maen nhw'n mwynhau
migwrn nid merch mewn mwgwd,
neu gyrn i roi tân i gwd.
Gwŷr sy'n mwynhau bodiau'r byd,
sbïo ar fynions bywyd.
Eu dilèit yw stiletos
hyd lawr, neu farwca dlos.

Mae 'na un ohonyn nhw
yn Llŷn. Y cyfaill hwnnw
â'r wên glên sy'n llenwi ein gwlad
â thunnell o chwerthiniad.
Dyn o ddur fel dannedd og,
a'i fol yn cuddio'i falog,
dyn ifanc, testun nofel,
dyn ffeind iawn – a ffond o'i Êl!

Ga' i ffarm?

Ga i ffarm ym Metws Garmon
neu un fawr, fawr yn Sir Fôn,
a baw a mwd ymhob man,
teirw a lot o arian
a thractor wedi torri
yn y cae? Ga' i bymtheg ci?
Ga' i giât sydd wastad ar gau?
Ga' i lanast at bengliniau?

Ga' i nerth i gwyno o hyd
am fuarth ac am fywyd
nad yw'n dda, ga' i fod yn ddyn
selog ar Stondin Sulwyn,
i hefru bod hi'n hyfryd
ar bawb ond ffermwyr y byd?
Ga' i achwyn lot am gwotas
a dweud cyn lleied yw'r das?

Ga i stecan efo 'mhanad?
Ga' i 'fyw'n glós wrth gefen gwlad'?
ga' i gig Prydeinig i de?
Rhyw asen o gig Rosé?
Ga' i ham o fy ngwlad fach gu
fy hunan – ond ga' i fynnu
Toyota i gario'r tatws
a Mŷrc i gario'r mw-mŵs?

Ga' i wybeb coch? Ga' i fochyn?
Ga' i ddwy law fel rhaw yr un?
Ga'i grys sgwârs? Ga' i seidars hyll?
Ga' i fol tew? Ga' i flew tywyll

ar fy ngên, ga' i grafu 'nghwd
a rhegi a chreu ffrwgwd?
Haf a hydref ga' i hefyd
gôt werdd, ddu sy'n gachu i gyd?

Ga' i wraig all wneud cacan gri
a jam, gwraig fel mam imi,
i smwddio fy nghap capel
a'm siwt pan a'i am y sêl?

Y ffarm ym Metws Garmon
a'r un fawr, fawr yn Sir Fôn,
eu dyheu mewn breuddwyd wyf,
rhyw adyn o'r dre' ydwyf,
un rhy hoff o'i win a'i wres,
y dyn â'r dwylo dynes,
hanner dyn, dyn hanner dall
na ŵyr yr ochor arall.

Marwnad Twm Morys

Tristach yw'r Cymry trostyn'
tre a gwlad am fentro i'r glyn
un bore oer yn llawn brain
a'i gael dan het yn gelain;
Twm ei hun, ei heilun nhw
yn Dwm Morys 'di marw:
yn Forys sych ei feiro
yn Dwm trwm, fu'n fardd un tro.

Cyn bod 'run gwalch 'di codi
a chyn i lwynog na chi
gyfarth, cyn bod gwartheg
yn y rhyd, dan gwmwl rheg
aed ag o yn flodau i gyd,
i fuarth ola' ei fywyd.
Hebio i Drefan a'r Annedd
drwy dai tafarndai i'w fedd.

Wrth ei elor wyth olwyn
yr oedd môr o chwilfeirdd mwyn
wedi hel yn gwmwl du
i hwylio'r bardd i'w wely:
clerwr mewn byclau arian,
naw mil o sgwarnogod mân
afanc ac ambell brifardd
a'r ferch sy'n brifo o hardd.

Arafodd ei fyd reufawr
mewn arch y mae Twm yn awr,
arch oer, lom, arch orau'r wlad
a chywydd ar ei chaead.

Ac uwch ei arch waetgoch o
yn brifardd wedi brifo,
crïo fyth o grwc 'rwyf i
dïau na allaf dewi.

Mae 'na gôr bob ben bora,
mae 'na dorf o gwmni da
yn taflu hetiau duon
ar ei fedd mawr lawr y lôn.
O Lŷn i waliau union
y dref wleb hydrefol hon,
mewn tai oer, ac mewn teras,
tai crynion, drudion o dras,
mewn hen gestyll, mewn gwestai
yn y tŷ hwn, ac mewn tai
eraill blêr, mewn llawer llys
mae hiraeth am Dwm Morys.

Yng ngolwg yr angylion

Yng ngolwg yr angylion – aeth yr ŵyl
    yn beth rhad, yn sebon,
  yn dinsel hyd orwelion,
  yn "eisiau o hyd" o sach Siôn.

Yng ngolwg yr angylion – mae Herod
    ym Mharis ac Arfon
  yn dal, a'i ddaliadau o'n
  dynn, dynn ym meddwl dynion.

Yng ngolwg yr angylion – mae hi'n flêr,
    mae 'na floedd yn gyson,
  a rhywle clywir hoelion
  ar groes dros y ddaear gron.

Ond gwyn yw'r wlad, gwyn yw'r lôn – a'r rhedyn
    ar hyd ei hymylon,
  a ninnau bawb, yn y bôn,
  yng ngolwg yr angylion.

Yma wyf innau i fod

Mae 'na ddau yn mynd i ryfel y tu allan i'r Pendeits
tra bo'r afon dal i chwydu ei phoen i'r aber,
mae 'na sŵn poteli'n chwalu fel priodas lawr y lôn,
a neb yn meddwl gofyn pam fel arfer;
mae 'na ferched heb fodrwyau yn siarad celwydd noeth,
mae'r dref fel tae 'di'i mwrdro ar ei hyd;
ond mae'r lleuad dal i wenu ar hen strydoedd budur hon
fel pob tref ddifyr arall yn y byd.
Mae'n flêr a does na'm seren heno i mi uwch fy mhen,
dwi'n geiban ond yn gwybod mai yma wyf inna i fod.

Mae 'na ddiwrnod newydd arall yn sleifio i lawr Stryd Llyn
ac mae hogiau'r 'ochr bella' yn dod yn heidiau,
a dod y maen nhw i gwyno nad oes unlle gwell i fynd
cyn mynd i'r Harp i yfed efo'u teidiau.
Does ganddyn nhw ddim breuddwyd na 'chwaith
                                        yr un llong wen,
ond mae ganddyn nhw ei gilydd reit o'r crud,
ac mae'r haul yn dal i godi calonnau'r dref fach hon
fel pob tref ddifyr arall yn y byd.
Mae'n flêr a does na'm seren heno i mi uwch fy mhen,
dwi'n geiban ond yn gwybod mai yma wyf inna i fod.

A'r hogia llygaid barcud, efo'u sŵn a'u rhegi mawr,
y rhain sy' piau pafin pob un stryd,
ond yr rhain a'u hiaith eu hunain sy'n cadw'r dref yn fyw,
fel pob tref ddifyr arall yn y byd.
Mae'n flêr a does na'm seren heno i mi uwch fy mhen,
dwi'n geiban ond yn gwybod mai yma wyf inna i fod.

Cofiwch am gasgliad cyntaf Mei Mac:

Y LLONG WEN

Pris: £4.95